AF250785

DE LA

GENEALOGIE

DE

MONSIEVR

LE

BARON

D'AVBAIS.

M. DC. XLVI.

AVBAIS

Porte écartelé de Bermond, et Dufaur, et sur le tout de Baschi.

MESSIRE CHARLES DE BASCHI,

Seigneur et Baron du Caila et autres places ; Capitaine d'une Compagnie de Chevaux-legers, pour ! service du Roy.

ONSIEVR,

L'honneur que j'ay reçeu dans vostre maison, n'a pas esté la seule recompense des services que j'y ay rendus. Encores y ay-je trouvé le moyen de satisfaire plainement, au desir que j'avois de connoistre ces grands hommes d'entre vos ancestres : qui ont si glorieusement establyl'honneur de leurs descendans. A ce que j'ay apprins dans vos Ar-chives, j'ay adjousté ce que j'ay trouvé dans celles du Roy, et dans l'Histoire generale : et du tout j'ay tiré quelques memoires, qui n'estant soustenuës que d'un peu d'ordre, et dépoüillées de tout ornement ; monstrent dans leur naïveté la verité toute nuè. Elle est pourtant tres-illustre, cette verité : et pour estre sans artifice, elle n'en est pas moins advantageuse. Puis qu'elle rend témoignage aux Autheurs de vostre naissance, d'une extraction si haute, d'une pieté si pure, et d'une vertu si heroïque ; qu'elles en seront en exemple venerable à toute la postérité. Elle vous dira que la premiere Dame remarquée dans ces memoires, du sang de laquelle vous estes : et qui entra dans la famille de vos predecesseurs, il y a tantost quatre cens cinquante ans : estoit une grande Princesse, du sang et de l'alliance de cinq Roys : et que le Couronnes Comtales, dont sa naissance et son mariage l'avoient honnorée ; interessoient cinq testes Royales, qui entroient en contrepois avec toutes les autres puissances de la Chrestienté. Elle vous fera voir les Bermonds combatans pour la seureté des Autels : les Dufaur pour le service du Roy : et les Baschis pour la liberté de leur patrie. Et de la consideration de ses objets, elle vous fera passer aux utilitez qui se recueillent de l'exemple. Celuy des Bermonds allumera vostre pieté ; les Dufaur vous inspireront leur sagesse : et les Baschis picqueront la generosité de cœur qu'ils vous ont trans-

mise. Il est vray que vous auriez infailliblement produit toutes ces choses sans leur adresse : parce que vous avez dans l'ame, les semences de toutes ces hautes vertus : et que vous 'avez desja glorieusement commencé à réduire en acte, ces excellentes habitudes, que leur sang genereux avoit si fortement contractées. Vous avez courageusement épandu le vostre en Catalogne pour le service du Roy, en la dix-septiéme année de vostre aage : et par le commencement d'une course si glorieuse, donné des asseurances que la fin n'en sera pas sans Couronnes honnorables. L'exemple de Monsieur le Baron d'Aubais vostre Pere, est veritablement plus prochain et plus instructif : puis que la vertu de tous ces grands hommes vos predecesseurs, qui est si advantageusement unie en sa personne, est encores augmentée par l'acquisition qu'il s'est faite d'une infinité d'autres belles qualitez. Comme les Bermonds, il a des sa premiere jeunesse combatu pour la pureté du service de Dieu : sur un même Theatre que le leur, qui est l'esteuduë du Languedoc : et a esté le second chef d'un party, qui a soustenu les efforts de toutes les autres puissances de cét Estat. Comme les Dufaur, il y a agy avec une conduite infaillible, et avec une fidelité tres-entiere. Et comme les Baschis, par uñe forte affection à leur patrie, et une dexterité incomparable aux grandes affaires. De tout cela, il a rendu des

effets qui encherissent par dessus tous ses Predecesseurs. Sa valeur aux combats ; la solidité de ses
Conseils ; et son adresse aux traittés et negotiations : nous ont obtenu trois Edits de paix, soûs
le benefice desquels, nos consciences trouvent leur
liberté entiere ; le Roy son authorité absoluë ; et
l'Estat ses bornes élargies. Au lieu que les armes
fatales des Bermonds feurent suivies de l'oppres-
sion de leur innocence, et de la ruine de leur
party. Et celles des Baschis, de la perte de la liberté de Florence, et de l'establissement du Tyran
de leur patrie. Mais quelques grands advantages,
que Monsieur d'Aubais aye eu sur ses Predecesseurs
quelque grande satisfaction qu'il aye, d'avoir fait
une si rare education que la vostre : Si manquoit-
il encores à sa gloire, que celle des Autheurs de
vostre maison fût connuë. Le temps qui ronge
tout, le mal-heur qui accompagne les opprimez,
et l'envie qu'une vertu extraordinaire attire tousiours sur soy : avoient couvert les cendres de ces
grands hommes, et fait une épouvantable éclipse
de l'honneur de leur memoire. I'ay contribué mon
talent à les sauver de cette injure, et quelques
heures de mon loysir pour les tirer de ce peril,
auquel l'ingratitude du siecle les auoit abandonnez.
Si dans ce dessein, ie n'ay pas donné à la richesse
du sujet, toutes les beautez dont il estoit capable ;
et si la matiere y surmonte la forme : Ie seray

ravi du contentement qui me restera, que mon ignorance mêmes, serve de lustre à leur gloire; comme mon obeïssance à vos commandemens, rendra tousiours témoignage auec quelle passion ie seray toute ma vie.

MONSIEVR,

Vostre tres-humble et tres-obeïssant Serviteur.

DEYRON.

DE LA

GÉNÉALOGIE

DE MONSIEVR LE

BARON D'AVBAIS.

LE PLAN.

'ILLVSTRE Famille de Baschi, considérée en la personne de Monsieur le Baron d'Aubais, qui en est aujourd'huy le chef en la Province de Languedoc : à trois sources et origines remarquables. L'une est celle de ses predecesseurs, ascendans de méme nom. La deuxiéme de ceux de Dame Marguerite Dufaur sa Mere. Et la troisiéme des anciens possesseurs de la maison d'Aubais et le Caila, du sang desquels il est ysseu. Nous tirerons les premiers du nom de Baschi d'une maison souveraine de Thoscane environ l'an M. CCCCX. Les deuxiémes du nom Dufaur, nous les trouverons dans la souveraine pourpre du Parlement de Tolose, au même temps. Et les troisiémes

du nom de Bermond, à la maison de Louys le gros
Roy de France, au commancement du douziéme
Siecle. Les premiers et les derniers estoiēt Seigneurs
presque souverains en leurs terres. Les deuxiémes
ont esté Chefs d'une Compagnie souveraine de la
Iustice de ce Royaume. Et tous ensemble, avec la generosité de leur sang, ont transmis à leur glorieuse
posterité, ces grandes vertus, qui de leur temple l'ont
faite passer à celuy de l'honneur : et ont obligé le
plus grand et le plus juste Monarque de la Chrestienté,
à leur commettre les charges de Maistre de Camp
General de sa Cavalerie, en Catalogne : et de Mares-
chal de Camp en ses armées,

DES BASCHIS.

ILS PORTENT D'AZVR A LA FACE
d'Or couronné de Compte cousuë.

Toutes les Histoires de la Chrestienté demeurent d'accord que les longues guerres qui ont esté menées en Italie par les François, soûs la premiere et la deuxiéme famille d'Anjou, et la translation du Siege Papal et de la Cour de Rome en Avignon, qui ont donné de l'occupation à toute l'Europe pendont le quatorziéme Siecle ; ont fourni diverses occasions aux grandes familles de ses Estats de changer de lieu selon le succez des armes de ces nations qui faisoient ou défaisoient leurs fortunes particulieres : et que lors que les Italiens auoient suivi en leur pays les armes des François en la prosperité, ils estoient constraints de suivre aussi leurs personnes lors de leur retraite en France apres le mauvais succez de leurs affaires. Mais sur toutes ces transmigrations, l'occasion qui nous a donné la famille des Baschis fût cette forte ligue si religieusement jurée au Concile de Pize en l'an 1408, entre Louys deuxiéme de ce nom Compte de Provence, et la République de Florence, contre Ladislas occupateur du Royaume de Naples.

Alors nostre Illustre famille quoy qu'elle ne fût pas Florentine ny Siennoise, estoit toutesfois l'une et l'autre ; parce qu'elle en estoit voisine, et que ces deux Republiques donnoient souvent leurs grands Magistrats et se gouvernoient volontiers par le Conseil des Seigneurs de cette maison ; Ce qui a donné lieu à Cezar Nostredame, qui a colligé l'Histoire de Provence, de dire sur l'an M. C C C C L X X X I. qu'ils sont yssus de Florence ; et à Guichardin qui a fait celle d'Italie sur l'an M. C C C C L X X X I I I. qu'ils avoient suivi la maison d'Anjou, et à Philippe de

Commines. Livre vii. chap. ii. qu'ils y avoient esté nourris.

Leur Noblesse est expressement témoignée, outre le susdit Nostredame au lieu preallegué, par Machiavel au secōd liv. de son Histoire de Florēce : lequel Autheur est d'autant plus digne de foy qu'il estoit leur concitoyen, Secretaire de l'Estat de Florence, et l'avoit sans doubte apprins dans les Archifs de cette ville ; qui faisant le dénombrement des familles de Florence selō les factiōs qu'elles suivoient des Guelphes et Gibelins, remarque dés l'an M. CCXV. les Baschis entre les Nobles familles au liv. viii. et environ l'an M. CCCCLXXVIII. dit qu'en Noblesse et richesse ils faisoient la plus splendide famille de Florence, sans mémes en excepter les Medecis ; en nomme dix, sçavoir Iacques qui n'eust qu'une fille, Pierre et Anthoine, freres ; Guillaume, François, René et Iean, enfans de Pierre : André, Nicolas et Galeas enfans d'Anthoine, desquels ledit Iacques le plus ancien avoit reçeu ce grand honneur du peuple de Florence d'avoir esté pour ses vertus eminentes fait Chevalier.

Leurs alliances furent aussi Illustres ; car Guillaume fût mary de Blanche de Medicis petite fille du grand Cosme, la posterité duquel possede dignement aujourd'huy la grande Duché de Thoscane. a donné deux souverains Pontifes à l'Eglise Romaine, à sçavoir Leon X. et Clement VII. deux Reynes Regentes en France sçavoir Catherine soûs Charles 9. Marie soûs Louys 13. et communiqué son sang à la pluspart des familles souveraines de la Chrestienté. Iean épousa la fille unique de Iean de Borromée, Cousine de S. Charles de Borromée que l'Eglise Romaine a dépuis canonizé ; et René print femme de la famille des Picolomini, de laquelle estoit ysseu le Pape Pie ii appellé Æneas Picolomini, avant sa promotion.

Veritablement les Baschis estoient voisins de la Ville de Florence, mais pourtant ils n'estoient pas sujets de cette Republique ; car ils estoient elevez à la dignité de Comte, et chàcun sçait que cette qualité est dans l'espece de l'Estat Monarchique, et incompatible aux Republiques qui abolissent soigneusement toute autre puissance que la leur.

Les Comtes ne sont pas maintenant souverains en France; mais ils l'estoient bien alors en toute la Chrestienté, comme se void. en l'Histoire. Cette Province de Languedoc fût démembrée du Royaume des Gohts environ l'an sept cens trente; et érigée en Comté dont Tolose fût le chef. Du commencement les Comtez estoient des Offices qui devindrent après des Fiefs, comme a remarqué Du Tillet : mais à la fin du douziéme Siecle; ils n'avoient presque plus de dependance de la Monarchie Françoise : il n'y avoit que nos Comtes qui imposassent Tailles, fissent battre monnoye, et déclarassent la Paix et la guerre dans leur Comté; qui sont marques essentielles de la souveraineté.

Tout de mémes, l'Italie après la dissipation du Royaume des Lombards, sur la fin du huitiéme Siecle; fût reduite en plusieurs petites souverainetez : les unes s'estans formées en Republiques comme Florence et Siennes; et les autres ayans plus retenu de la Monarchie dont elles sortoient, ont voullu obeyr à des Ducs et à des Comtes, comme Milan, la Provence, la Savoye et le Piedmond.

Or cette qualité de Comte en nostre famille, se justifie tant par leurs armes qui se trouvent en France et en Thoscane, anciennes et modernes; lesquelles sont coronnées de perles, que les Roys d'armes attribuent à cette dignité. Voire mémes d'une Couronne cousuë à l'écu; comme pour dire qu'elle estoit affectée à leur famille; que par le partage de leurs biens fait à Siennes l'an mil quatre cens vingt-sept : entre ceux d'Italie qui s'estoient retirez en France, et ceux qui estoient restez en Thoscane qui se trouve dans les Archifs d'Aubais; auquel Bertholde de Baschi, porte tout seul la qualité de Comte; sans doubte parce qu'il estoit l'aisné de la maison.

Et non seulement estoient ceux de Baschi élevez à la dignité Comtale comme ie viens de monstrer : laquelle estoit apparemment souveraine ; comme celles de Prouence, Savoye et Milan ; qui estoient toutes du debris du Royaume des Lombards : mais necessairement estoit independante, puis que les Comtes y faisoient battre monnoye d'or à leur coing et armes ; les Pistoles en estans encores au cours. Ce qui est une marque specifique et indubitable de leur souveraineté.

Cette Comté estoit une grande terre assize au Parmezan, en laquelle l'Empereur Frederic fonda en l'année M. C C X X V I I., une Ville qu'il appella Victoria, pour la commodité du Siege qu'il avoit mis devant la Ville de Parme, et qu'il continua durant deux années avec soixante mil hommes. l'Histoire de Naples de Padolphe Collenutio livre IV. remarque la situation de Victoria avoir esté prinse à cette occasion, vis à vis de Parme : de longueur de 7200 coudées, et de largeur de 5400. avec quatre portes environnées de bonnes murcilles, fossez et tours ; et remplie de maisons, Palais, places, et un Temple soubs le nom de S. Victor. Mais en une sortie les Parmezans l'ayans prinse et ruynée, il n'y restoit qu'une grande terre et un Chasteau, qui furent partagez entre le Comte Bertholde de Baschi, et Angelo de Baschi ; en l'acte passé par les arbitres par eux nommez, *Sedentes pro Tribunali in civitate Senensi in Consistorio Palati :* datée du dernier iour de Septembre 1427. indiction siziéme, soubs le Pontificat de Martin cinquiéme, et du Regne de Sigismond Roy des Romains. Depuis Victoria peu à peu remise, fùt une petite ville appartenante aux Seigneurs de Baschi, de laquelle ils tiroient quinze cens écus de rente ; et a passe à la possession de la famille des Comtes de Petigliano, comme i'ay apprins dans une vieille memoire de leur maison.

Mais pour éclaicir d'etrée, l'obscurité que la diverse façõ d'ecrire des Natiõs de l'Europe, a jetté dans l'Histoire de cette famille. Il faut observer qu'aux mots où le Florentin met la lettre P. les autres Italiens mettent la lettre B. comme Iacobo, au lieu de Giacopo; Bazzi, au lieu de Pazzi ; ainfin que le Gascon met la lettre V. au lieu de la même lettre B. et dit voire, au lieu de boire. Et que à l'endroit où le Florentin met la lettre Z. l'Italien met le S ; comme richessa, au lieu de richezza ; Bassi, au lieu de Bazzi. De la vient que le nom de nostre famille chez Machiavel et les autres Thoscans, est écrit Pazzi ; au lieu que les autres Italiens comme Guichardin, écrivent Bassi, les Latins comme le Père Zacharie, Basci, les Provençaux comme NostreDame, Baschis ; les François comme Philippe de Commines, Basche : les Alemans côme Zimmerman, Pactis. Les Gascons mêmes y ont meslé le vice de leur langue, au lieu de Perron de Baschi ; ayans écrit Perrot la Vache : comme André la Vigne en son Verger d'honneur. Et ainfin par ces divers degrez de changement, ou selon les differens idiomes des langues, latine et françoise ; les Pazzi des Thoscans sont appellez Baschi en Provence.

Et de fait ; ces deux plus notables transitions et passages de Pazzi à Bassi ; et de Bassi à Baschi : sont justifiées par l'Historien de Provence, en l'annotation marginale sur l'an M. D L X X V I. lequel au nom de Bassi, à joint la particule alternative ; ou de Baschi. Et sans contredit, par le partage de leurs biens cy-dessus raporté, fait entre Bertholde de Bazzi, fils de Guizzard des-ja habitué en France, et Angelo de Bazzi, son cousin germain resté en Thoscane.

Dépuis le neufiéme Siecle du Christianisme, jusques au quinsiéme ; la République de Florence conserva la liberté de son gouvernement : quoy que les Medicis, ayans fait dessein de s'en faire une Monarchie ; agitassent leur patrie de longues divisions intestines. Mais ceux de Baschi y résistèrent vigoureusement : et tantost assistez du parti des Guelphes, et tantost des François et d'autres nations ; acheverent tant d'actes de leur politique, et de leur valeur militaire ; que les progrez de la nouvelle tyrannie, en furent opiniastrement empechez plus de deux cens cinquante années.

Tel estoit l'estat de la famille de Baschi au commencement du quinsiéme Siecle ; auquel temps, les armes de Loüys Roy de Naples deusiéme de ce nom de la maison d'Anjou ; ayans esté trop peu heureuses pour le maintenir en la possession de ce Royaume ; il fit retraite en Provence, avec la Reyne Yolande d'Aragon sa femme : en laquelle il fût suivi par Romano de Baschi femme de Henry de Picqueton son grand maistre d'Hostel, et par Guichard de Baschi son premier escuyer ; lequel a esté chef de la famille de Baschi en Provence. Voila pourquoy, nostre table commence par celui-cy.

Il avoit servi utillement son Maistre au mémorable Siege de Caïette : à l'occasion duquel, le Pape Clement VII. qui estoit séant en Avignon, pendant que Vrbain VI. seoit à Rome : luy escrivit d'Espelongue au Dioceze de la mesme Ville, le premier an de son Pontificat : et par une lettre pleine d'Eloges honnorables ; le remercie des services qu'il avoit rēdus à l'Eglise : l'exhorte à continuer ; donn reance à l'Evesque de Monflascon qu'il luy envoyoit, et rend un témoignage tres-glorieux à la Noblesse et a la vertu de nostre Escuyer.

Il laissa en Thoscane Angelo de Baschi son frere qui a esté pareillement chef d'une glorieuse posterité ; laquelle par la grandeur de sa pieté et de sa vertu, et la gloire de ses actions ; a signalé son nom d'une conduite si excellente et si sage ; et par des evenemens si heroïques, tant en la paix qu'en la guerre, dont les Histoires rendent un célèbre témoignage ; que par l'une ils ont rendu leur politique admirable à tous, et utile aux Estats qu'ils ont gouvernés, aux diverses ambassades, negotiations et traités qu'ils ont fait pour eux : et par l'autre ils ont genereusement soustenu les droicts et la liberté de leur patrie.

Ie n'ay pas entreprins d'écrire les Eloges de ceux de Baschi qui sont restez en Thoscane, m'estant restraint seulement à faire la Table Genealogique de ceux de ce nom, qui ont passé en France : et de leur posterité jusques aujourd'huy : toutes fois en faueur d'une si venerable ancienneté ; et pour ne pas estre totallement ingrat à la memoire de tant de grands hommes de ce nom, ie prie le Lecteur que cette disgression me soit excusée.

Ie remarqueray leur pieté, par la refforme que fit exactement et regulièrement Mathieu de Baschi Religieux de l'Ordre de S. François de l'Observance ; qu'il reduisit à la pureté de leur institution, et à l'austerité de la Regle de leur fondateur, qui fût confirmée par Clement septiéme, environ l'an mil cinq cens vingt-cinq. A l'occasiō de quoy les Religieux de cét Ordre : premierement d'Italie, et apres de toute la Chrestienté ; ayant soubs luy ramené la Religion aux sources plus pures de son establissement, et aux regles plus austeres de leur Patriarche, en ont acquis la reputation de la plus grande saincteté qui soit en la vie monastique, soùs le nom de Capucins. Et de luy apres avoir longuement continué les grandes solicitudes de cette vie, possedé pleinement le don de faire des Miracles, par lesquels il authoriza sa reforme ; il en fut retiré par celuy qui donne ses graces aux hommes, et couronē ses dōs : et avec la felicité des Bien-heureux qu'il luy a donnée par sa bonté dans le Ciel, il en a permis la Declaration en terre, par la bouche du Souverain Pontife de l'Eglise Romaine, qui est sécllée et rendue visible par l'incorruption que son corps possede en la Ville de Venize ; ou çette sage Republique l'expose pour sa gloire, et pour un témoignage certain de sa saincteté approuvée.

Ie remarqueray aussi leur zelé à la patrie, par cette celebre execution dont les Baschis furent chefs à Florence ; contre Iulien et Laurens de Medicis. En laquelle le mouvement de cette douleur que l'on a de voir élever la tyrannie : les ayans portez au desir de l'albatre. Et voyant que le dessein du grand Cosme, ayant esté suspendu par les mauvaises qualitez de Pierre de Medicis son fils, estoit fort avancé par Iulien et Laurens ; et que le mal ne souffroit plus d'autres remedes que les extremes : ils eurent le cœur d'atta- quer les tyrans dans l'Eglise mémes : et par la mort de l'un, et les blesseures de l'autre ; mirent leur pa- trie à deux doigts de la liberté. Mais la lascheté de quelques Florentins associez, les ayans abandonnez au Palais où ils estoient montez pour achever la destruc- tion des tyrans ; et le peuple ayant fait sourde oreille lors que les Baschis demandoient son assistance : il fallut souffrir que la vertu de Cassius et de Brutus, cedat à la fortune de Cesar ; et que Laurens estouffat dans le sang innocent de Iacques et de François de Baschi, le reste de la liberté Thoscane ; et sacrifiast leur vie aux Manes de Iulien, auquel ils venoient de la faire perdre.

Cette action est si glorieuse ; et donne l'exemple d'une generosité si rare, que toute la Chrestienté n'en a point veu de pareille depuis son commencement. Car si on regarde la grandeur de l'entreprinse qui est de Guillaume de Baschi : c'estoit à méme temps contre deux hommes bien establis ; enfans du grand Cosme, qui avoit esté appellé pere de la patrie, qui estoient puissans et advisez, et tenoient le cœur du peuple en leur mains. Si l'excellence de la conduite qui estoit de Iacques de Baschi ; on y void tant de secret entre cinquante executeurs, et durant trois ans que l'entre- prinse dura : tant d'ordre dans les divers accidens qui survindrent, et qui firent souventes fois changer le commandement ; qu'on ne sçauroit trouver rien de comparable en l'Histoire de tous les temps ny de tous les peuples de la terre. Sur le point de l'execution, il fallut changer de lieu : car les Medicis qui devoient disner ensemble ; furent contremandez. Changer en- cores d'executeurs : car Iean Baptiste de Montesecco qui devoit executer Laurens au Palais du Cardinal ; le refusa à l'Eglise, où le second lieu fut prins.

Changer aussi le temps : parce que Iulien ne venoit pas lors que le service estoit desja advancé, et qu'il fallut donner temps à Guillaume de Baschi de l'aller querir. Si on considere aussi l'intention : on verra un zele merveilleux à la patrie ; des personnages qualifiez qui se devouent pour le salut commun : Iacques de Baschi qui paye toutes ses debtes à la veille de l'execution comme à celle de sa mort. Guillaume de Baschi qui consent à celle de Laurens de Medicis son beau-frère : et se charge de la donner à Iulien de Medicis, son amy et familier. Leur pieté particulière cede au desir de conserver la liberté publique. La saincteté du lieu, ny le respect des principaux mysteres de la Religion ne les en empechent pas. Ils croyent que à même temps que le Prestre des Chrestiens élevoit son sacrifice à Dieu pour le salut des ames ; les gens de bien ont assez de vocation d'immoler les tyrans au même lieu pour celuy de la Republique.

Ie laisse à l'Histoire originelle, la deduction en detail de toutes les circonstances particulieres de cette grande action, qui estendroient trop loing, la bresvete des eloges qui entrent dans la narration d'une Genealogie. Me contentant pour la fin, de guarantir ces grands hommes de la reproche que leurs ennemis leur ont faite. Machiavel a écrit que le seul desir de vengeance les avoit portez à ce ressentiment. Et que la vie de Iulien ne fût estainte, ny le sang de Laurens de Medicis épandu ; que pour laver l'injustice de l'Arrest qu'ils avoient obtenu à Charles de Borromée, contre les droicts de Iean de Baschi, sur l'heritage de Iean de Borromée son beau-pere. Mais l'objet contre cet Autheur est tres-pertinent : il estoit commensal des Medicis, ausquels il a dedié son livre du Prince. Et il n'y a point d'apparence que le Pape Sixte IV. et Ferdinant Roy d'Espaigne ; qui avoient jetté des grandes troupes dans la Thoscane, pour favoriser les Baschis : eussent voulu, avec tant d'injustice, se rendre executeurs des passions des particuliers. Et

que le pere communs des Chresticns, eust voulu ex-
communier Laurens de Medicis, pour venger des
meurtriers et des parricides.

Pour revenir à nostre dessein, ie reprendray que le
susdit Guichard de Baschi, vint en France environ
l'an mil quatre cens dix, s'arresta en Provence, au
service de Louys deuxiéme de ce nom Comte de cette
Province : et en l'attente d'un prochain retour à
Naples ; Bertholde de Baschi son fils, épousa Philippe
de Pontevez Dame de Castelard, fille de ce Beringuier
de Pontevez si advantageusement remarqué dans
l'Histoire de Provence. Lequel mariage, fût moyenné
et beni par le Cardinal de Saluces. Et apres le decez
de Philippe de Pontevez ; Bertholde épousa successivement, Marguerite Ademar Dame de Lagarde ; et
Marguerite de Allamanon : desquelles est ysseuë
cette glorieuse posterité, des processions et genealo-
gies de laquelle, la Table nous instruira plus particulierement.

Les hautes alliances de nostre Bertholde rendent
témoignage de la grandeur de sa maison, et de celle
de ses merites ; puis qu'il est conneu à tous ceux qui
sont tant soit peu intelligens de l'Estat de la Provence
de son temps : que les maisons de Pontevez, de Lagarde, et d'Allamanon ; estoient les seules qui appro-
choient de fort prez la grandeur de celle des Comtes
de cette Province : ausquels elles ont souvent fait la
guerre ; et qui voyoient bien bas dessous elles, tout le
surplus de la Noblesse Provençale.

Ses occupations sont encores memorables ; ayant
fait construire et peupler, par permission expresse de
la Reyne Yolande : les lieux de S. Esteve, Barras, et
Tournefort ; que les precedentes guerres avoient ruinez :
et qu'une moindre puissance que la sienne, ne pouvoit
proteger et remettre.

Matthieu son petit fils, suivit de fort prés son
exemple : estant dignement entré, dans l'alliance de
l'Illustre famille des Fregoses, Gouverneurs de l'Estat
de Genes ; au temps que cette Ville obeïssoit au nom

François, par moyen d'une fille de leur maison qu'il épousa.

Il ne se pouvoit faire, qu'un sang si Illustre fût dementy : et que la posterité d'une extraction si glorieuse ne respondit à l'honneur de ses ancestres. Aussi est il vray que dépuis ce temps ; la famille de Baschi, a produit en Provence, de personnes qui ont dignement soustenu l'honneur de leur naissance. Et des trois ordres des gens de cette Province ; n'ayans pas trouvé dans celuy des Magistrats, qui est le moins éclatant ; des employs dignes d'eux : ils ont honnorablement fourny l'Eglise et la Noblesse ; de personnes dont les actions ont rendu la vie glorieuse, et laissé une memoire venerable.

De ce nombre, on trouvera Perron de Baschi, Maistre d'hostel du Roy Charles VIII. Lequel fût envoyé en ambassade à l'Estat de Florence, en l'an M. CCCCLXXXXIII. pour demander la neutralité et le passage : comme rapporte Phil. de Commines liv. vii. chap. ii. Au Pape, l'année suivante ; pour lui demander l'investiture du Royaume de Naples : au rapport de Guichardin sur l'an M. CCCCLXXXXIV. Sur lequel sujet, cet Autheur, le plus judicieux Historien de sa nation ; rend témoignage à nostre Ambassadeur, sur l'an M, CCCCLXXXXIV. qu'il estoit sçavant des affaires d'Italie. Son merite se collige encores, des grandes charges qui luy ont esté commises: entre lesquelles est remarquable, celle de mettre sus pied au port de Nice ; une armée Navale, que le Roy envoyoit au secours des Chasteaux de Naples, dont l'Histoire de Phil. de Commines est chargée au liv. viii. chap. viii.

Messire Honoré de Baschi, fût Abbé de Trans. Louys de Baschi sieur d'Auzet, fût Gentilhomme ordinaire de la Chambre du Duc d'Anjou frere unique du Roy Charles IX. Octavien de Baschi, fût Commandeur de l'Ordre de S. Iean de Ierusalem. Et Matthieu de Baschi 2. du nom ; fût Chevalier de Malthe. Desquels le premier est memorable par la saincteté de sa vie. Le dernier par un honnorable témoignage de l'Histoire de Provence, sur l'an M. DLXXIV. en ces termes : qu'il mourut; non pour avoir tourné ses armes contre son Prince, et saisi quelque Monastere, où il se voulût faire fort ; comme portoit son Arrest : mais plustost, suivant le commun dire, par le pourchas de ses ennemis qui redoutoient sa valeur.

Veritablement la haute estime de ce Chevalier, et du sieur d'Auzet son frere, leur ayant suscité des puissans envieux de leur vertu ; fût bien la cause apparente de leur mort, à laquelle l'Histoire s'est arrestée. Mais la plus véritable ; et la moins connuë : fût la defection du Sieur de Carces Gouverneur pour le Roy en Provence : et du Sieur Devins Lieutenant. Le déportement desquels contre le service du Roy, estant venu à la connoissance de nos Baschis, qui estoient pres d'eux : sçavoir Auzet, parce que le Roy Henri III. le luy avoit mandé, par sa lettre de cachet écrite de Ferrare, le premier jour d'Aoust M. DLXXIV. Et le Chevalier parce que quelque temps anparavant ; le Roy Charles IX. luy avoit donné du commandement soubs leur dependence. Et s'estans donnez la liberté de dire qu'ils en advertiroient le Roy ; qu'ils aloient voir à Lyon : Carces et Dévins pour les en empécher ; firent assassiner Auzet dans la Ville d'Aix, à coups de pistolets : et condemner le Chevalier, par authorité d'un Arrest du Parlement de la même Ville : soubs pretexte qu'il avoit fortifié le lieu de S. André le desert, qui leur appartenoit.

Le plus Illustre exemple d'une saincte Generosité, et de la plus exquise valeur qui aye esté veuë dépuis plusieurs Siecles ; a esté fournie par Thadée de Baschi 2 du nom Sieur d'Estoublon. Lequel ayant esté le premier de sa famille, qui a fait profession de la Religion reformée ; compagnon d'armes du Sieur de Lesdiguieres, qui a esté élevé de nos jours à la dignité de Connestable de France Et avec luy, sous le seigneur de Monbrun general des reformez en Dauphiné; ayant défait, devant Die, une armée de Suisses, qui entroit au secours de la ligue ; fût fait General des Eglises de Provence. Assiega et print Seyne, dont il fût fait Gouverneur par le LIX. article de l'Edit de Ianvier. Et aux troubles suivans ; Digne, Ville Episcopale ; et Monstier en Provence : Avençon, en Dauphiné ; et le païs circonvoisin, sur les ligeurs.. Tint la campagne avec armée. Bastit le fort de poal. Et mourût à l'assaut de Trans, qu'il avoit assiegé ; d'un coup d'arquebuze à crocq qu'il receut à la teste, et qui ne luy laissa pas plus de vie, qu'il luy en falut pour entrer victorieux dans la place. Ayant en tant de glorieuses expeditions, si bien servy Dieu, et le Roy ; que les Eglises et toute la Province, jouïssent encore du repos que ses armes luy ont acquis : et dont la defection de quelques uns, les avoit privez dépuis longues années.

Nous devons rendre, à la memoire de ce General ; le témoignage que son insigne pieté merite : et l'injuste detention duquel, nous rendroit coulpables d'une ingratitude detestable : et priveroit le monde d'un exemple tres-excellent de sa charité bien ordonnée. C'est que tout le butin qu'il fist sur les ennemis de son party, qui tomberent soubs la Iustice de ses armes ; fût sacrifié au Dieu des batailles ; et leur or et leur argent, rapporté au bastiment de son Temple : ayant fait un fonds de leurs richesses iniques, des fruicts duquel le sainct ministere est encore entretenu en quelques Eglises de la haute Provence.

La seule Provence n'a pas ressenti, les effets de la bonne conduite de ceux de Baschi. Elle a passé en Languedoc et en Foix, en la personne de Charles de Baschi dernier decedé. Lequel ayant aux guerres civiles de cet Estat, en l'année M. DCXXII. soustenu courageusement le memorable siege de Sainct-Affricque ; et passe de l'une à l'autre de ces Provinces : y fût fait Gouverneur de Foix, soûs l'authorité du Duc de Rohan. En ce gouvernement, et durant toute sa vie ; il assista à toutes les expeditions de guerre, du plus foible ; mais qu'il croyoit le plus juste party : Et par sa mort, advenuë par le feu du canon à la deffence de Castres, en l'année M. DCXXIX. donné tant de preuves de sa valeur : et de son zèle au service de Dieu, et au bien de sa patrie ; que sa memoire en sera de longue benediction, et de bon exemple à la posterité.

DES DVFAVR.

ILS PORTENT D'AZVR A LA IVMELLE

*d'Or, accompagnée de trois bezans d'argent
en chef, et deux et un en poincte.*

DEspuis environ deux cens ans, cette Famille a produit ; un premier president au Parlement de Tolose ; quatre autres Présidens ; quatre Conseillers : un Procureur General du Roy : deux Presidens au Parlement de Paris : un Advocat General : cinq Conseillers aux grand et privé Conseils : quatre Maistres des requestes : deux Chancelliers des Princes : trois Gouverneurs des Places : trois Barons de differentes Baronnies : un Ambassadeur pour le Roy en diverses Ambassades : deux Evéques : trois Abbez : et quatre Prieurs.

Les Evesques ; sont Bernard Evesque de Lectoure : et Pierre Evesque de Lavaur ; duquel écrivant le Sieur Catel : il dit avec admiration, qu'il estoit de cette famille Dufaur de Tolose, de laquelle sont sortis tant de grands personnages.

Les Abbez sont Iacques 1. et 2, et Pierre 2. successivement Abbez de la Chese-Dieu : et de Faget.

Les Prieurs ; Bernard et Iacques 1. successiuement Prieurs de S. Orens : Pierre 2. Prieur de Peirusse, et Iacques 2. de Tonget.

Les Presidens audit Parlement de Paris, Guy et Iacques 1.

Advocat General audit Parlement, le mémes Guy.

Les Maistres de requestes ; Iacques 1. du nom : Pierre 3. Iean 4. et Iacques 2.

Les Conseillers aux Conseils ; Iacques 1. Louys, Guy, Pierre 2. et Iean 5.

Le premier President au parlement de Tolose fût Pierre 3.

Les quatre autres Presidens ; Gratien, Pierre 1. Michel 1. et Charles 1.

Les Conseillers ; Charles 1. Iacques 3. Iean et Iean-François dernier decedé.

Le Procureur General fût Arnaud.

Les Chanceliers des Princes : furent ; Gratien, Chancelier du Comte d'Armaignac. Louys, du Roy de Navarre. Guy, de la Reyne de Navarre : et du Duc d'Alançon.

Les Gouverneurs des places : ont esté ; Arnaud, Gouverneur de Montpellier, soûs Henry iv. Charles 2 de Lunel. Et Iean 4. de Gergeau sur loyre.

Les Barons ont esté ; Arnaud 2. Baron de Pujos en Agenois. Iacques 3. Baron de S. Iori. Et Charles 2. Baron d'Aubais.

Pour Ambassadeur ; Guy fût envoyé par Charles ix. au Royaume de Poloigne ; et au Concile de Trente.

Ie n'ay pas resolu de donner à chacun de cette famille Dufaur, les Eloges d'honneur qu'ils ont si dignement meritées, ce travail doibt estre entreprins par un homme de plus d'estude que moy. Voila pourquoy ie n'ay dit que leurs Offices, Benefices, et charges honorables, qu'ils ont exercées : qui sont si grandes, qu'elles sembleroient incroyables, si elles n'estoient justifiées par les actes des Parlemens de Paris, et de Tolose : par les provisions des Officiers, Commissions et autres documens particuliers ; et par l'Histoire generale de ce Royaume.

Mais ie n'ay peu me taire de Guy Dufaur Sieur de Pybrac ; duquel la vie toute merveilleuse, comme elle a esté pleine de belles actions ; le sujet de la vertu la plus pure du Siecle, et celui de toutes les inconstances de la fortune : attire toute mon admiration, et fournit un tres-excellent exemple à tous ceux qui passeront après luy.

Il aborda la Cour, pour estre Chancellier de la Reyne de Navarre Mere du grand Henry. Fût Advocat general au Parlement de Paris ; apres fût Conseiller au privé Conseil ; et en dernier lieu, Presidât au même Parlement.

Pendant cette charge de Conseiller, fût tenuë au Parlement ; cette fameuse Mercuriale du dixiéme jour de Iuin M. DLIX. en laquelle le Roy Henry II. ayant obligé le corps de cette Cour ; d'opiner en sa presence ; et concilier la diversité des Iugemens qu'elle faisoit en la cause des Lutheriens. Et nostre Conseiller ayant un peu clairement manifesté ses sentimens en faveur des oppressez ; qui estoient de renvoyer à un Concile, et cependant suspendre les peines capitales : fût constitué prisonnier du commandement du Roy ; mis dans la Bastille, avec Anné du Bourg, et quatre ou cinq autres Conseillers : ausquels le procez ayant esté fait ; Dubourg en sortit par la porte du martyre. Et nostre Guy Dufaur fut condemné par Arrest, à revoquer son opinion ; en demander pardon ; en quatre cens livres d'amande envers les pauvres ; et suspendu de l'exercice de sa charge pour cinq années. De laquelle condemnation, il fut dépuis déchargé par un autre Arrest du même Parlement de Paris : comme rapporte l'Histoire du Sieur de la Popeliniere livre IV.

Soubs le Roy Charles IX. il fut envoyé ; avec le Cardinal de Lorraine, en ambassade au Concile de Trente. et chargé de demander la restitution de la Coupe du S. Sacrement au peuple ; la reformation de l'Estat Eclesiastique : et plusieurs autres choses de grande importance. Mais son collegue ayant esté leurré de l'esperance du Papat ; et obligé de donner son consentement à l'abus ; rendit les demandes de nostre Ambassadeur illusoire, et son voyage inutile.

Le même Roy ayant advoué par lettres patentes, les massacres de l'an M. D. LXXII. nostre President luy fit connoistre la honte qui luy reüssiroit de cet adveu. Et le soin de l'en excuser envers les Princes estrangers, luy ayant esté commis : il insista longuement au refus ; à l'exemple du Prince des Iurisconsultes, qui estimoit plus aizé à l'Empereur Caracalla de commettre un parricide, qu'il ne voyoit de possibilité d'en faire l'Apologie, Nostre President, par une plus haute sagesse ; voyant que le desadveu d'un acte tant abominable, pourroit en tout cas estre prins pour un effet de la repentance du Roy. Et considerant que les hommes s'opiniastrent tousiours aux crimes desquels ils n'attendent plus de pardon : suspendit en cette occurrence, les effets de son integrité admirable, pour l'amendement de son Prince, et la gloire de sa patrie. Fit le voyage d'Allemaigne ; et restablit dans les esprits Germaniques, le credit de son maistre, et l'honneur de sa nation : et emporta pour soy la gloire du plus eloquent homme, et du plus adroit Ministre qui aye esté veu depuis plusieurs Siecles.

Il fut aussi Chancellier du duc d'Alançon, qui fut depuis Henry III. et prins de cet employ pour aller en Ambassade aux Estats de Poloigne, proposer som maistre, à l'eslection qui devoit estre faite, d'un Roy en ce Royaume. En laquelle charge ayant employé toutes les forces de ce grand esprit, qui estoit capable de tant de grandes affaires ; il fit reconnoistre le merite de son Duc, par le present de la premiere Couronne du Septentrion.

Il le conduisit dans son nouveau Royaume ; le servit en son regne, et le ramena heureusement en France : apres que par le decez de Charles son frère, et la Loy de l'Estat ; la Couronne luy en fut parvenuë. Laquelle retraicte, prinse par les Polonnois pour un affront fait à leur nation, et asprement suivie pour en tirer vengeance ; l'extreme diligence sauva le maistre mais le salut de nostre President, se trouva dans sa prudence extraordinaire, qui le fit méconnoistre à ceux qui l'avoient attaint.

La douceur de sa condemnation, en comparaison du supplice du Dubourg, donna pretexte à la calomnie, de le dire coulpable de l'abnegation de S. Pierre : et digne du blasme d'avoir par une dissimulation sacrilege, refusé la gloire du martyre. Mais les veritables causes de son relaxe, qui se recueillent de l'His-

toire, le déchargent de cette reproche, et rendent témoignage de la dexterité de son esprit, et de l'assistance extraordinaire de Dieu ; par la puissance duquel il fut tiré de ce peril. Car il souscrivit franche-
ment aux Symbole des Apostres, d'Athanase, et de
Nice. Seulement lors qu'il fut interrogé de sa creance,
aux points controversez en la Religion, il se sauva
par un tour de son mestier ; disant, nestre tenu de
répondre, que sur les interrogatoires qui pouvoient
estre tirées des preuves faites contre luy. Et cette
deffance se trouvant admissible par l'Ordonnance du
Roy ; et par l'usage du Palais ; et favorisée par le
President de Thou, qui estoit de ses amys ; et par le
Chancellier de l'Hospital qui estoit des disciples se-
crets ; joint les syndereses de la conscience du Roy ;
qui, au lict de mort, avoit regret de la persecution des
reformez : et les cendres de Dubourg, qui firent hor-
reur à leurs persecuteurs. Le concours favorable de
tous ces accidens merveilleux, qui suruindrent en
cette conjoncture, donna lieu à son entiere décharge.
Et sa deputation au Concile de Trente, pour porter les
demandes Lutheriennes ; et vers les Polonois pour
excuser les massacres ; monstrent bien qu'il fut tou-
iours tenu suspect du crime de Dubourg. Car on ne
donne jamais, en bonne politique, le soin de traicter
d'une affaire d'importance ; que à ceux par l'opinion
desquels elle a esté resoluë, ny pour Ambassadeur, un
homme desagreable à celuy auquel il est envoyé.

Au demeurant l'Histoire luy donne le témoignage
d'avoir esté homme Eloquent, libre, et sans dissimulation ; qui avoit de bonnes lettres ; honneste Iuge ;
et de bonne conscience. Et ses livres certifient de la
sincerité de sa morale, qu'il a renduë vulgaire et
communicative, soûs la mesure des vers, pour donner
jusques à la fin du monde, la vraye idée d'un Poete,
d'un Philosophe, et d'un Politique tres-excellent en
une même personne.

Tous les grands hommes de lettres qui l'ont suivy,
ont rendu un glorieux témoignage de sa vertu. Le

President du Vair en son livre de l'Eloquence Françoise ; le propose pour l'exemple le plus parfait de
l'art oratoire. Le Sieur Catel en son histoire de
Languedoc chap, 2. livre 2. a donné de l'admiratiõ
à son merite : et à son occasion ; à Estienne Brunel
son precepteur qui l'avoit institué aux bonnes lettres.
Et apres son decez ; advenu en l'an M. D. LXXXIV.
Charles Paschal dépuis Advocat du Roy à Roüen ;
a écrit l'Histoire de sa vie, en langage latin tres-
excellent : et ses pourtraits et images de toute taille,
ornent les Cabinets de tous ceux qui reverent la
vertu.

En méme temps que luy, vivoit à Tolose ; Messire
Pierre Dufaur Baron de S. Iori, premier President en
la Cour de Parlement. Qui par sa Doctrine exquise,
et grande erudition ; a dignement soustenu la haute
reputation de nostre Illustre Famille : comme rapporte le méme Catel au lieu preallegué. Le Sieur
Maynard au I. Tome de ses decisions livre VII. chap.
LXXXV. rend témoignage que nostre President, fit
changer d'opinion à tout le Parlement qui avoit opiné
en faveur du fisc, contre les heritiers de celuy qui
s'estoit volontairement donné la mort, Ce qui a esté
un prejugé, que le Parlement a tousiours dépuis inva-
riablement suivy. Et au II. Tome livre III. chap.
XCI. il s'estend aux loüanges de sa vie, et aux re-
grets de sa mort, Le Docte Cujas ; l'approbation duquel vaut mieux que celle de la multitude dont ie me
tais ; en plusieurs endroits de ses œuvres, est magni-
fique en eloges d'honneur, pour nostre President. En
ses Commentaires sur le livre III. des Sentences de
Paulus, au titre *de legat.* §. *lana legata,* dit que
nostre Président estoit homme de grande erudition, et
doüé de toute vertu ; et le premier des Iuriscõsultes,
qui avoit découvert une faute en la Loy *si qui* §. *de
verbi coloris ff. de legat.* Et tous ceux qui auront leu
ses Cõmentaires de *regulis juris* ; ses laborieus se-
mestres ; son Agonistique ; et autres livres qu'il a fait
imprimer : et ses Basiliques, dont ses heritiers ont

vendu, dépuis peu de temps, la minute pour dix-huict mil livres ; ne feront point de difficulté de luy donner le premier rang entre les hommes de grande literature de son temps : comme il estoit le premier de son ordre, au deuxième Parlement de France.

Tant de grandes lumieres ; de Theologie et de Iurisprudence, que cette famille Dufaur a produites ; ont fait passer toute leur gloire , dans celle des Baschis ; par le mariage de Dame Marguerite Dufaur, avec Messire Balthasar de Baschi : du lict desquels Monsieur le Baron d'Aubais est ysseu.

DES BERMONDS.

ILS PORTENT D'ARGENT A VN SANGLIER

de sable, pourfilé en pal ; en jambé, et emmuzelé
de l'un en l'autre : armé et lamgassé de gueules.

LA Province de Languedoc, estoit la principale du Royaume des Goths : neantmoins la pluspart envahie par les Sarrazins ; environ l'année de nostre salut DCC. XXX. lors que les armes de Charles Martel ; et apres luy, celles de Pepin ; et finalement celles de Charlemaigne ; l'ayans délivrée de la tyrannie de ces barbares ; ce dernier la joignit à l'Aquitaine, qui estoit aussi de ses conquestes : et les vouloit eriger en Royaume pour l'enfant dont sa femme estoit enceinte. Attandant que l'aage du Roy designé, luy permit de le regir par soy même : il la divisa en plusieurs grandes Comtez : de l'administration desquelles, il gratifia les principaux Seigneurs, qui l'avoient assisté en ses conquestes. Tolose qui estoit la Capitale du Royaume conquis, fut la principale des Comtez : Anduze et Melgueil, en feurent d'autres: Narbonne, Nismes, Beziers, et Vzés, furent dépuis erigées en Vicôtez ; et Sommieres, Alez, et Sauve, en Seigneuries particulieres.

Comme les affaires du monde, changent souvent de face ; pendant que ce jeune Roy fut en minorité : et que les successeurs des Charlemaigne estoient occupez ailleurs ; ou plustôt que nos Roys de la seconde race, estoient fort empéchez, à se conserver leur nouvelle authorité : nos Comtes et Seigneurs de Languedoc, auroient peu à peu augmenté la leur, se seroient si absolument establys dans leurs terres, que sur la fin du douxiéme Siecle ; ils n'avoient presque plus de dependance de la Monarchie Françoise : fai

soient battre mõnoye à leur coing ; imposoient tailles
et subsides ; declaroient la Paix et la guerre, comme
bon leur sembloit ; et n'estoient reconneus Comtes en
toutes les actes publiques dans leur Comté ; que par
la seule *grace de Dieu* : comme atteste le Sieur Catel
en son Histoire des Comtes chap. 48. qui estoit en
effet tenir leurs terres en pleine souveraineté.

Environ ce temps là, les peuples du Dioceze d'Al-
by et des Provinces circonvoisines ; s'estans separés
de l'obeïssance Papale, et de la Communion de l'E-
glise Romaine : et leurs Seigneurs s'en estans rendus
protecteurs ; le Pape Innocẽt III. resoulut leur extir-
pation, et envoya contre eux une grande armée de
Chrestiens croisez à cet effet ; laquelle soubs la cõduite
du Legat Milon, et du Cõte de Mont-fort ; entra dans
le Languedoc, et assujetit à leurs armes, la plus part
de cette Province.

Alors la famille des Bermonds s'y trouvoit des plus
qualifiées : Pierre second du nom en icelle en estoit
le chef ; appellé Comte d'Anduze, dans une Histoire
manuscrite, rapportée par Monsieur Catel, en son
Histoire de Lãguedoc sur le mot Anduze. Estoit aussi
Seigneur de Soumieres, Sauve, et autres places.
Faisoit battre monnoye à son coing ; dans sa Comté :
laquelle portoit l'impression de la lettre B. auec ce
mot à l'entour ; DE ANDVZIA. Et au revers celuy-
cy, DE SALVE, en une piece d'argent que j'ay en
mon pouvoir.

Cette qualité de Comte en la famille des Bermonds,
se justifie encore par leur sceau ; apposé à la concession par eux faite à l'Abbé de Sauve ; qui se trouve
dans les archifs de son Abbaye. Et en une promesse
de tenir la tresve, que le Roy S. Louys accorda à
nostre Pierre de Bermond, et au comte Bernard
Pelet son beau-frere ; en l'an M. CC. XXVII. Lesquels Sceaux, jettez en plomb ; contiennent l'impression d'un gendarme gallopant un cheval ; armez à
l'antique ; avec l'espée nue et haute à la main : en la
forme que les Peintres nous representent les Con-

querans ; et tout semblable à celuy des Comtes de
Tolose, avec cette inscription à l'entour du sceau ;
BERMVNDVS COMITIS.

La Table genealogique des Bermonds, est com-
mencée à ce Pierre de Bermond II. Non pas parce
qu'il fût le plus ancien : car des l'an VCCC. XIII. un
Bermond estoit Gouverneur de Lyon ; comme rapporte
Dutillet en la vie de Charlemaigne : et Comte d'Au-
vergne, comme témoigne Ademarus Moine de Clugni,
au chap. XVIII. du livre qu'il a fait des miracles de
S. Benoist. En l'an VCCCC. LXXXIIII. un Bermond
estoit Evesque de Nismes, environ l'an M. C. XL. un
autre Bermond estoit Evesque de Beziers, comme raporte Catel aux Catalogues des Evesques de ces deux
Villes. En l'an M. XX. les Bermonds estoient Seigneurs de Soumieres : le Sieur Catel raporte d'en
avoir veu les actes. Et nous avons parlé cy dessus,
de la concession qu'ils firent à l'Abbé de Sauve : en
l'an M. L. En l'an M. LXXIX. Pierre et Bernard Bermonds freres ; ont consenti à la donation faite à l'Abbé
de Burlas ; qui est aujourd'huy le Prieur de Saincte
Enimie. Et les Bermonds avoient avant tout cela
rendu leur pieté memorable, par la fondation de l'Abbaye de Sauve. Mais la Table de leur Genealogie,
commence par ce Pierre de Bermond ; parce que dépuis luy tant seulement, elle peut estre verifiée sans
interruption.

Il est necessaire d'advertir le Lecteur ; qu'en la
vieille façon d'écrire ; aux onze, douze et treiziéme
Siecles : l'Imprimerie n'ayant pas esté encore portée
en Europe ; et les syncopes et abbreviatiõs des mots
estans fort en usage entre les Escrivains de cette Province ; avec les lettres et Chávacteres que les Goths
venoiẽt de nous y laisser : le nom de Bermond et celuy de Bernard ; estoient escrits presque d'une même
façon. Car outre que le plus souvent, le nom des Familles Illustres n'estoit remarqué que par la premiere
lettre : comme a observé Monsieur Catel, à la fin de la
vie de Raymond V. Aux lieux où ceux-cy estoient

écrits au long ; ils estoient fort approchans. La syllabe *Ber*, est la premiere ; et la lettre *D.* la derniere en l'un et en l'autre : et les trois lettres restantes, bien peu differentes, estoient abregées par un même traict de plume. Voyla pourquoy ; quelques Historiens et Chronologistes, qui ne se sont pas contentez d'une lettre pour un nom : en les estendant ; ont æquivoqué en ses noms, ayans appellé Bernard, celuy qui se nommoit Bermond : comme le Sieur Catel, au commencement de la vie d'Amalric II. Vicomte de Narbonne. Et les autres l'ayans appellé, les uns du surnom d'Anduze ; les autres de celuy de Sauve ; et les autres de celuy de Soummieres ; ont fait doubter que ce fussent trois Bermonds. Voire mêmes, que celuy d'Anduze fut un Bernard. Mais toutes ces diversitez, sont consiliées par l'Historien manuscrit, rapporté par Monsieur Catel : lequel dit expressement, en l'Histoire des Albigeois : que Pierre Bermond estoit Comte d'Anduze. Et cela est aussi l'opinion du même Catel, sur le mot Anduze ; où il dit formelement, que les Seigneurs d'Anduze estoient de la maison de Bermond. En son Histoire des Comtes chap. VII. il raporte, la reddition que Pierre de Bermond fist au Roy de la Ville d'Anduze et de ses autres Chasteaux. Et en la vie d'Amalric II. Vicomte de Narbonne : il le nomme Pierre ; et le qualifie mary de Constance de Tolose : ce qui leve toute l'ambiguité : car nous monstrerons cy apres, que le mary de Constance de Tolose ; qu'il dit estre Seigneur d'Anduze : estoit nostre Pierre de Bermõd.

Et quant à ce que le même Bermond, mary de Constance de Tolose ; est appellé Bermond de Sauve par Dutillet, et par Nostredame. Et de Sommieres et d'Anduze ; par Catel. C'est parce qu'il estoit Seigneur de toutes ces Villes. Ce qui se justifie par l'hommage rapporté par le même Catel en son Histoire de Languedoc sur le nom Anduze : et par la donnation de six cens liures de rente, que luy fit le Roy S. Louys ; à la charge de n'entrer plus dans ses Villes d'Anduze,

Sauve et Sommieres : par lettres du mois d'Avril M. CC. XLIII. qui sont aux Archifs du Roy, à Nismes ; cottées A. au sac de Sauve.

Comme aussi, il est necessaire d'observer ; que Pierre de Bermond premier du nom, fils de Sybille ; fut mary en premieres nopces, de Hermengarde Vicomtesse de Narbonne : de laquelle il n'ût point d'enfans. En secondes nopces de Hermessinde de Pelet : de laquelle il eust nostre Pierre de Bermond II. Et que Hermessinde deuenue vefve, se remaria avec Raymond VI. Comte de Tolose, aussi vef. Ce qui servira à éclaircir des grandes confusions, qui sont entre les Autheurs ; sur le fait de ses alliances.

Cela ainfin posé ; nous commençons par ce Pierre de Bermond II. qui estoit fils de Pierre de Bermond I. et de Hermessinde de Pelet Comtesse de Melgueil ; selon Catel : ou Mathilde, selon Dutillet. Lequel pour faire difference d'avec son pere ; se qualifioit fils de la Comtesse, en l'acte de donnation qu'il fist à l'Abbé de Sendras, en l'an M. CC. XXIII. qui se trouve aux Archifs du Roy à Nismes au sac de l'Abbaye de Sendras. Au lieu que son pere, se disoit fils de Sybille ; en l'acte raportée par Catel au livre IV de l'Histoire de Languedoc, en la vie de Hermengarde de Narbonne.

Hermessinde de Pelet, épousa en secondes nopces Raymond VI. dit le vieil Comte de Tolose : comme rapporte Dutillet. Et Raymond en consideration de ce mariage ; luy donna la Viscomté d'Vzés : comme rapporte ledit Catel.

Bernard Pelet son ayeul maternel, pere de Hermessinde, estoit ysseu des anciens Vicomtes de Narbonne : comme raporte Catel, sur le nom Alez. livre II. de son Histoire de Languedoc. Et au livre IV. sur la vie de Bernard Beringuier Vicomte de Narbonne : estoit Seigneur d'Alez, Comte de Melgueil de par sa femme. Portoit ses armes écartelées de sable et d'argent, couronnées de Comte. Et faisoit battre monnoye d'or à son coing ; dans sa Comté : comme se voit en divers actes, qui contiennent numeration de sols melgueyrens. Laquelle Comté fut portée en la maison des Comtes de Tolose ; par le mariage de sa fille Hermessinde, avec Raymond VI. dit le Vieil : et en sortit par le delaissement que Raymond VII. en fit, à l'Evêque de Montpellier.

Non seulement Pierre de Bermond II. fut par ce moyen beau-fils de Raymond VI. du nom Comte de Tolose : puis que sa mere l'avoit épousé en secondes nopces, comme dit Dutillet au chap. de la branche des Comtes de Tolose. Mais bien mieux, pour avoir ce Bermond, épousé une fille de Raymond ; que quelques Historiens nomment Clemence, et les autres avec les actes qui me sont tombez entre les mains ; Constance : delaissée de Sanche VIII. de ce nom, dit le fort ; Roy de Navarre. Comme rapporte la Chronique de Guillaume de Puylaurens, au chap. V. Et frere Bernard Guydon, en ses Comtes de Tolose : que le Sieur Catel a nouvelement fait imprimer, au pied de son Histoire des mêmes Comtes.

Et Raymond VI. du nom, pere de Constance de Tolose ; estant fils de Raymond V. et de la Reyne Constance, fille de Louys le Gros VI. de ce nom ; Roy de France : nostre Constance de Tolose, femme de Pierre de Bermond II. estoit petite fille au troisiéme degré, de Louys VI. Bousine remuée de Germain, du Roy S. Louys son contemporain : et delaissée de Sanche VIII. de ce nom, Roy de Navarre.

Ce delaissement de nostre Constance de Tolose, qu'en fist Sanche son premier mary ; fut seulement parce qu'il n'avoit point d'enfans d'elle : comme a remarqué Mayerne Turquet en son Histoire d'Espaigne, livre X. section XXX. Bien qu'il en eust eu un, qui mourût devant que luy ; comme a écrit Garcias d'Engui, Evéque de Bayonne. Mais le juste jugement de Dieu ; severement tombé sur la personne de Sanche, incontinent apres son divorce ; vengea pleinement cette delaissée. L'infidelité de son mary fut punie d'un Cancer qui luy tomba sur la jambe :

le constraignit à se sequestrer pour toute sa vie ; à souffrir l'usurpation de ses Estats : et enfin, dans l'absez de ses synderezes ; et les insupportables douleurs d'un corps pourry et vivant : arracha l'ame, au dernier masle de la postérité de Garcias Ximenes ; qui avoit tenu le Sceptre de Navarre, plus de cinq cens années. Pour enseigner aux Princes, qu'une fausse politique, dispensé des deffences Divines ; et persuade de se servir des moyens infames, pour faire qu'une posterité de leur sang, ne manque pas à leurs Estats : que celuy devant lequel, la plus exquise sagesse des hommes n'est que folie ; ne manque pas de punir leur turpitude en cette vie, aux yeux de tout le monde ; et les priver de vie, d'Estats et de postérité. Au lieu que la fœcondité de Constance ; depuis qu'elle fut passée dans la Famille des Bermonds : essuya la honte de sa sterilité reprochée. Et que la bonté Eternelle, pour couronner sa patience ; benit son second mariage, de la longue durée de son Illustre sang, et de son bon nom, qui a tantost percé, l'espace de quatre ou cinq Siecles.

Sa mere estoit Beatrix de Beziers, fille de Bernard Athon Comte de Carcassonne, Vicomte de Beziers et de Nismes. Niepce de ce Raymond Trincavel, si memorable dans l'Histoire ; qui fut assassiné dans l'Eglise de la Magdelaine, à Beziers ; par ses subjets de la même Ville : au rapport de Catel, en sa vie, dans l'Histoire du Languedoc. Et non pas en Normandie, comme dit Sigibert en ses Chroniques. Laquelle Beatrix de Beziers, apres avoir esté vefve de Bernard Beringuier Comte de Barcelonne ; comme rapporte Dutillet au chapitre de la branche des Comtes de Tolose : passa en secondes nopces avec Raymond vi. Duquel mariage est yssuë nostre Constance de Tolose.

Elle eust aussi des grandes alliances, avec les Roys d'Angleterre, Sicile et Aragon : dautant qu'elle eust deux marastres, par les troisiéme et quatriéme nopces de son pere. Car Ieane fille de Henry ii. Roy d'Angleterre ; vefve de Guillaume, Roy de Sicile ;

fut troisiéme femme de Raymond. Et la quatriéme
fut Eleonor, sœur de Pierre II. Roy d'Aragon, qui
mourut à la bataille de Muret; comme a remarqué
Dutillet. Voire méme, l'alliance avec le Roy d'Aragon
estoit double : car non seulement Raymond VI. pere
de nostre Constance de Tolose; auoit épousé Eleonor
d'Aragon, comme ie viens de dire. Mais aussi, Raymond VII. son frere, épousa Sanche puisnée d'Eleonor
et de Pierre; tous enfans d'Alphonse II. du nom Roy
d'Aragon : comme témoigne le méme Mayerne Turquet en l'Histoire d'Espaigne livre x. section VIII.
C'est pourquoy le Sieur Catel, au commencement de
la vie de Raymond VII. dit qu'il estoit beau frere de
son pere. Et ainsin, nostre Constance de Tolose, estoit niepce d'alliance de deux Roys; d'Angleterre et
Aragon : et belle-fille de celluy de Sicile.

Mais sur tous ses parens; elle reçoit plus de gloire,
d'estre yssuë de Raymond IV. dit de S. Giles, son
bisayeul paternel : duquel la vertu toute heroïque, a
fourny de matiere veritable, aux plus merveilleux
Romans des Siecles qui l'ont suivi. Il restablit en
Espaigne la Religion Chrestienne, que les Sarrazins
avoient opprimée : les chassa dela le Gilbatar; libera
Alphonse premier de ce nom Roy de Castille; qui le
reconneut du mariage de la Dona Elvira ou Gesloire
sa fille. Fit le voyage de la terre saincte, avec armée
de ses sujets et à ses despens : mit au large l'Empereur Alexis, contre l'incursion des mémes ennemis :
fut au siege de Ierusalem. Força l'Anthonia; et ne
perdit le Royaume de Iudée, que par la perfidie d'vn
Evesque auquel sa pieté le consigna; et finalement
apres avoir jetté les fondemens d'vne nouvelle Monarchie; fondé le Chasteau Pelerin pour so principal
Siege en icelle; il passa en l'autre vie; ayant laissé
en celle-cy, des tres-glorieux monuments, de sa pieté
et de sa vertu.

Ce Pierre de Bermond deusiéme dont nous écrivons;
respondit fort dignement à la Noblesse de son extraction; et à la grandeur de ses alliances. Car il maria

sa fille aisnée nommée Philippe d'Anduze; à Amalric II. Vicomte de Narbonne : comme raporte le Sieur Catel au livre IV. de son Histoire de Languedoc, sur la vie de cet Amalric. Ce qui fut cause, que s'agissant de pourvoir de Tuteur à Pons de Bermond son petit fils, environ l'année M. CCLII. cette Tutele qui appartenoit de droict au Vicomte, oncle du pupille, fut par luy transmise à Nicolas de Landones Abbé de S. Paul de Narbonne; qui estoit sans double son parent : car le Sieur Catel remarque, que les Comtes pretendoient droict sur cette Abbaye; et la conferoient volontiers à quelqu'un de leur maisõ. Et la deusiéme fille de nostre Bermond, nommée Sybille, fut mariée avec Beral Desbaux, Vicomte de Marseille; de la maison des Princes d'Orange; qui portoit de Gueusles à la Comete à seize rayons d'argent. Lequel Beral Desbaux, eut des grandes charges et honnorables employs; soûs les Comtes de Provence. Et apres eux, Bertrand Desbaux leur fils; lequel fut fait Comte de Marescavieux, Duc d'Andrie, Connestable du Royaume de Naples : soûs la Reyne Ieane II. comme rapporte l'Histoire de Provence.

I'ay apprins cette alliance des Bermonds avec les Desbaux; par le cõtract de remission, que Sybille de Bermond a faite au Roy de France : de sa portion de l'heritage de Pierre de Bermond son pere; en échange d'autres droicts mentionnez au contract, du IV. des Calendes de Decembre M. CC. LXIV. qui est aux Archifs du Roy à Nismes. Auquel contract, elle est authorizée par Beral Desbaux son mary : et le tout approuvé par Bertrand Desbaux leur fils. Ce qui découvre l'erreur de Dutillet, sur la foy duquel le Sieur Catel a depuis failli en son Histoire des Comtes chap. V. disant, que Sybille estoit fille de Raymond VI. Comte de Tolose : au lieu que par ce contract, elle se qualifie fille de Pierre de Bermond, Seigneur de Sauve. Et ainfin elle n'estoit pas fille de Raymond de Tolose, mais seulement fille de sa fille.

Le surplus des actions de nostre Bermoud, ne témoigne pas moins advantageusement de la grandeur de son courage : et de sa valeur. Il servit les Princes Chrestiens d'Espaigne, en leurs guerres contre les Mirammulins infideles : et particulierement le Roy d'Aragon son oncle, en ses grandes expeditions dont il fut remercié par le Pape Innocent III. en sa lettre rapportée par le Sieur Catel. Et en icelles il signala son nom entre les Espaignols : qui l'ont appellé Benemond, dans les originaux de leur Histoire.

Le voyage que nostre Bermond fit en Affricque ; se justifie encore par un fragment de quelques vers qu'il fit à son retour : dans lesquels il regretoit l'absence d'une Maitresse qu'il avoit laissée delà la Mer. Ces vers portent le nom de leur Autheur. et se trouvent dans un recueil de Poesies Provençales et Languedociennes : composées par Pierre II. Roy d'Aragon, oncle de nostre Bermond ; par Alphonse Roy de Castille ; par le Comte de Poitiers et autres Poëtes qualifiez, qui vivoient au commencement du dousiéme Siecle. Ils m'ont esté donnez par Monsieur de Cazeneufve ; l'unique deffenseur des droicts de nostre patrie : à l'estude et à la fidelité duquel, nous devons la connoissance des droicts de cette Couronne, sur la Comté de Barcelonne ; qu'il nous a si clairement enseignez en sa Cataloigne Françoise. Et la deffence de nostre Franc-Alleu, qu'il a si certainement estably dans les livres qu'il a fait imprimer; que la posterité ne peut, sans meriter la reproche d'une grande ingratitude, luy refuser les actions de graces d'un si grand bien-faict : comme ie luy rends tres-humblement celles de l'honneur qu'il me donne, en souffrant que la gloire de son nõ, honnore ce mauvais ouvrage.

Dans nostre famille de Bermond ; les hommes seulement, n'y sacrifioient pas aux Muses. Claire d'Anduze, qui estoit de son temps la Sapho du Languedoc : et vray semblablement la sœur ou la tante de Pierre de Bermond ; fait voir que son sexe, est quelquefois digne de leurs mysteres. Le Persée du Frãc-Alleu, m'a aussi donné des vers de cette Illustre femme, qui cautionnent cette verité.

La guerre contre les infidelles, fut suivie d'une autre guerre de religion, que le Pape émeut contre les Seigneurs de cette Province : et particulierement contre le Comte Raymond. En laquelle du commencement nostre Bermond faisoit semblant de ne vouloir pas entrer ; ayant demandé adjudication de la Comté de Tolose, par voye judiciaire au Concile de Latran ; si les Comtes pere et fils en estoient privez : dautant qu'elle parvenoit à sa femme fille aisnée dudit Raymond, comme raporte Guillaume de Puylaurens chap. xxvi. Et le sieur Catel en l'Histoire des Comtes livre ii. chap. v. Mais le Concile ayant prononcé en faveur du Comte de Monfort son usurpateur : il leva le masque : joignit ses armes à celles de Raymond xii, son beau-frere ; et donna de l'occupation aux croisez de toute la Chrestienté, durant une douzaine d'années.

Pendant ce temps ; il fut en toutes les expeditions de son party. Et en la fatale bataille de Muret, il perdit, avec la vie du Roy d'Aragon son oncle d'alliance; la creance de son party, l'assistance de ses alliez, et l'esperance de pouvoir jamais resister aux forces de toute la Chrestienté conjurée.

Mais en l'an M. CC. XXVII. ayant tant d'ennemys sur les bras ; il fut constraint d'accepter une tresve, que le Comte Bernard Pelet son beau-frere, avoit accordée pour eux, avec l'Abbé de la Grace agissant pour le Roy. Et peu de temps apres ; une Paix : lors que par la perte d'Avignon et de Narbonne. emportez par des longs sieges : Nismes, S. Giles, et le Comte Raymond mémes ; distraits par des traictez particuliers ; il se fut veu seul, le dernier de son party, les armes à la main.

Il se plaignoit, que sous le pretexte de cette Paix, on l'avoit dépouillé de toutes ses places fortes. Et comme c'estoit un Seigneur grandement considerable, par les qualitez de sa personne, et de ses alliances : le Roy S. Louys craignoit quelque remuement de ce costé là. Voila pouquoy, il le recompensa de six cens livres de rente annuelle; assize sur les terres de la Baronnie d'Yerle : par lettres patantes du mois d'Avril M. CC. XLIII. Et dépuis ; en échange de la moytié de la Ville de Sommieres, luy appartenant, le mesme Roy luy bailla le lieu du Cayla et ses appartenances : par lettres données à Ayguesmortes au mois d'Aoust M. CC. XLVIII. qui sont aux Archifs d'Aubays.

De la promesse de la tresve, faite à Alez le troisiéme des Nones de Iuin M. CC. XXVII. et des lettres du don de la rente de six cens livres : se void clairement, comme nostre Bermond estoit consideré, comme un Seigneur qui pouvoit donner de l'occupation à un Roy de France : et duquel il falloit tirer des grandes seuretez. Car par la tresve, il baille une douzaine d'hostages, et par les lettres, le Roy luy fait don de six cens liures de rente, qui estoit une grande somme en ce temps là ; à condition, qu'il n'entreroit plus dans ses Villes de Sommieres, Sauve, ny Anduze, ny dans aucunes places fortes de la Baronnie d'Yerle : et ny pourroit faire bastir aucune forteresse de nouveau : ny exiger aucun serment de fidelité, des Gentils-hommes ses vassaux. Marques certaines et indubitables de la crainte qu'on avoit de ce Personnage.

Vn traict de sa generosité se remarque, en la transaction qu'il passa avec les enfans de Bernard Pelet I. sur quelques differents domestiques qu'il avoit avec eux : par laquelle, de l'advis des Evéques de Nismes et de Viviers ; et autres arbitres : il leur promet de les ayder de son Conseil en leurs negoces: et que moyenant ce, il pourra faire d'eux, exercice à son plaisir à la guerre. Ce sont les termes de la transaction qui se trouve aux Archifs du Roy à Nismes, Sac d'Allez : du sixiéme des Ides de Septembre M. CC. XXIII.

Veritablement l'Histoire luy a esté ingrate, ne s'estant pas exactement chargée de tant de belles actions qu'il a faites durant sa vie : et durant le demeslé de tant de grandes affaires, ausquelles il avoit si bonne part ; et ausquelles il a donné tant de preuves de sa vertu. Mais il ne s'en faut pas estonner, estant aisé de remarquer le malheur des opprimez ; qui est, que la pluspart des Historiens, estans partiaux des vainceurs ; tiennent registre des coups de leur main, exaltent leur conduite, et d'un Capitaine en font un Heros : au lieu qu'ils oublient les droicts du vaincu ; aveuglent ses Conseils, et cachent sa Vertu.

Sa posterité n'a pas degeneré : car Anthoine de Bermond ayant courageusement servi le Roy, en cette grande rebellion du peuple, émeue environ l'an M. CCC. L. qui fut appellée la guerre des Touchins ; parce que Touchin, signifie Cocquin ; en vieux language du Languedoc. En laquelle guerre, son Chasteau du Cayla fut bruslé : sans doubte par les Touchins de ce lieu ; puis que par acte de l'an M. CCC. LXXXIII. les habitans du Cayla, contribuerent cinq cens cinquante francs d'or, pour la reparation de ce Chasteau. Le bastard du Cayla, ayant utilement servi le Roy en cette guerre, en la presence d'Anthoine de Bermond son pere : passa en Provence ; où le Vicomte de Turenne, s'estant rendu chef des Touchins : tenoient en grande aprehension le Pape et sa Cour dans Avignon ; avec les Comtes de Provence, environ l'an M.CCCXCI. De laquelle guerre, nostre bastard du Caila ayant esté un des principaux acteurs ; fut executeur de la Paix qui s'en ensuivit, avec le Gouverneur du Dauphiné comme témoigne l'Histoire de Provence, sur l'an M. CCC. XCIII.

Bermond Bermond fut Capitaine et Viguier à Nismes : au temps que la Capitainerie dans le Chasteau des Arenes ; emportoit le Gouvernement de la Ville. Et Louys de Bermond de Bouzene ; Visiteur General des gabelles : lors que ces charges estoient données, aux Gentils-hommes plus qualifiez.

La pieté des Bermonds, seroit bien digne d'une belle Niche dans un plus auguste bastiment que cestuy-cy : mais de moy, elle ne peut tirer que cette remarque. C'est que, outre que durant la vie de Pierre de Bermond II. du nom : comme un autre Iosué ; il a

continuellement fait la guerre pour l'Eglise de Dieu,
contre les ennemis du nom Chrestien, qui estoient
les Sarrazins et les infidelles : et contre ceux qui re-
sistoient à l'esprit de reformation. Ils ont encores
fondé l'Abbaye de Sauve : dotté celle de Cendras :
dignement occupé les Chaires Episcopales de Beziers
et de Nismes ; et donné au Chapitre de celle-cy le
Chasteau de S. Martial : fondé une Chapelle en l'E-
glise Cathedrale de Pezenas : une autre en celle de
Nismes. Et en l'an M. DC. XVIII. Monsieur le Baron
d'Aubais, qui est de leur sang et en porte les armes :
donna un fonds de deux mil livres, à lœuvre du ministere du Cayla. Et par cette charité bien ordonnée,
ils ont tous ensamble, attiré sur leur posterité, des
grandes benedictions du Ciel : et rendu témoignage
certain, que la pieté est un don de Dieu ; dont il
gratifie les enfans des peres fidelles. Pour verifier
cette verité eternelle, qu'il fait misericorde en mille
generations, à ceux qui l'ayment.

Or environ l'an M. CCCC. LX. la famille des aisnez
de Bermond, estant reduite à une fille unique ; elle
épousa Iean de Bermond dict de Bouzene son cousin
au quatriéme degré, de méme nom et armes : en telle
difference seulement alors, que le Sanglier de celles
du mary, estoit chargé d'une espée d'argent, et celles
de la femme d'une Estoile de méme metail. Et dura
leur nom jusques environ l'an M. D. LXXX que Iac-
queline de Bouzene le laissa dans la Famille de Charles
Dufaur Sieur de la Serre, grand pere de Monsieur le
Baron d'Aubays : comme la Table nous montrera.

FIN.

TABLE GENEALOGIQVE

DE MONSIEVR

LE BARON D'AVBAIS.

Guichard de Baschi vint en Provence environ l'an MCCCCX. avec son fils.

Le Comte Bertholde qui eut.

Thadée 1. { Matthieu 1. Louis 1.

Perron.

Louis 1. { Louis II. Sieur d'Auzet. Octavien Commandeur. Thadée II. Sieur d'Estoublon. Alexandre Sieur de S. Pierre. Matthieu II. Cheualier.

Thadée II. Sieur d'Estoublon. { Balthezard Sieur de Thoüars de. { Charles Sieur de S. Estcue.

Et

Louis III. Baron D'AVBAIS.

Iean Dufaur. I. Sieur de Pujos en Fezensac viuoit en l'an MCCCCX.

Iean II. { Gratien. { Arnaud I. / ..... / Bernard.

Arnaud I. { Pierre I. Sieur de Pybrac. Iacques I. Michel I. Sieur de S. Iori.

Pierre I. Sieur de Pybrac. { Pierre II. Louis. Arnaud II. Michel II. Guy Héri. Charles I. Pierre III. { Iacques. { Iean-François. Iean IIII. Iean V. Iacques II. Charles II eut de

Charles II eut de { Marguerite Dufaur.

Pierre Bermond II. et constãce de Tolose viuoïëten l'an MCCX.

Bermõd Bermõd. Cheual/lier.

Iean I. { Antoine I. { Antoine II. { Catherine. Et Iean II. dit de Bouzene.

Pons. { Tuffart. { Guilhaume.

Catherine. Et Iean II. dit de Bouzene. { Jacques de Bouzene. { Louys de Bouzeine.

Louys de Bouzeine. { Iaqueline de Bouzene.